# NACKTE TATSACHEN
## DAS FRAUENBILD IN DER WERBUNG

**edition ZAW**

**Verlag edition ZAW**
Nackte Tatsachen
Das Frauenbild
in der Werbung
Bonn 1993
Volker Nickel

Herausgeber:
**Zentralverband der deutschen Werbewirtschaft (ZAW)**
Postfach 20 14 14, Villichgasse 17
D-5300 Bonn 2
Telefon (02 28) 8 20 92-0, Telefax (02 28) 35 75 83
Umschlag: Jutta Schneider, Frankfurt/M.
Satz: Satzbetrieb Schäper GmbH, Bonn
Druck: Daemisch Mohr GmbH, Siegburg
Printed in Germany
ISBN 3-923085-73-7

# Inhalt

Schlüpfrig, schamlos, unmoralisch **5**

Warum an der Moral
der Werbung gezweifelt wird **7**

Typologie der Werbekritiker und ihre Motive **9**

Werbung folgt gesellschaftlichen Trends **13**

Wie „diskriminierende" Werbung
auf Frauen wirkt **18**

Deutscher Werberat:
Jeder kann Werbung stoppen **21**

Mißbrauch der Selbstkontrolle **28**

Maßstäbe des Werberats **33**

Pflicht zur Ethik und Moral **35**

Mitglieder des Gremiums **37**

Grundlagen **38**

# Schlüpfrig, schamlos, unmoralisch

Frauen mit Putzlappen und Scheuereimer bewaffnet im täglichen Kampf um ein Höchstmaß an Sauberkeit und Glanz; Frauen, die mit blankem Busen oder Gesäß das neueste Automodell zeigen, die als erotische Wesen ihren halbnackten Körper lasziv an Auto-Silhouetten schmiegen, oder die leicht bekleidet Wunderwerke der Computertechnik offerieren.

So sieht das Frauenbild in der Werbung aus – empören sich manche Kritikerinnen und Kritiker in Deutschland.

Zusammengefaßt lautet der zentrale Vorwurf gegen die werbungtreibenden Firmen, gegen ihre Werbeagenturen und gegen die Medien als Werbeträger: „In der Werbung werden Frauen vermarktet und als Sex-Symbol mißbraucht; Werbung ist frauenfeindlich!"

**Der zentrale Vorwurf**

Was stimmt an diesen Vorhaltungen? Die Werbewirtschaft könnte es sich einfach machen. Denn zeigen mit solchen Argumenten geführte Diskussionen über das Frauenbild in der Werbung nicht auch Züge von emotionalem Mangel? Wird dort Sexualität, also „Geschlechtlichkeit", nicht als niedriger Instinkt diffamiert?

Wären das die alleinigen Antworten auf die Vorwürfe, dann betriebe die Werbewirtschaft die gleiche Schwarz-Weiß-Malerei wie manche lautstarke Kritik. Doch die Sache ist komplizierter und komplexer.

# Warum an der Moral der Werbung gezweifelt wird

Wer nach der Moral der Werbung in der Praxis fragt, kommt um grundlegende Zusammenhänge nicht herum. Dazu gehört die Erkenntnis, daß drei Phänomene unlösbar miteinander verbunden sind:

- der liberale Markt als ökonomisches Phänomen
- die Massenkommunikationsgesellschaft als soziales und
- die Werbung als kommunikatives Phänomen.

Diese drei Bestandteile sind nicht lebensfähig, wenn man sie voneinander isoliert. Das Phänomen Werbung mit seinen vielfältigen ökonomischen, sozialen wie auch kulturellen Aspekten und Folgen zählt spätestens seit der zweiten Hälfte der 50er Jahre zu den meistdiskutierten Themen der modernen Gesellschaft.

Auffallend bei diesen Debatten ist bis heute, daß sie heftig sind und im Ton nicht selten scharf. Ursache dafür ist ein entscheidender Umstand. Tatsächlich handelt es sich bei der Diskussion um eine klassische Stellvertreter-Debatte: Hinter der Diskussion um Werbung verbirgt sich eine grundlegende Auseinandersetzung um Wert oder Unwert, Moral oder Unmoral der modernen Gesellschaft. Werbekritik meint häufig gar nicht Werbung, sondern Stand und Entwicklung von Wirtschaft und Gesellschaft. **Ersatz-Debatte**

Die Werbung bietet sich für eine solche Stellvertreter-Debatte geradezu an. Ihre Produkte sind in kultureller, wirtschaftlicher wie sozialer Hinsicht etwas Greifbares, ja geradezu eine Verkörperung der Moderne.

Die Grundtendenz in der heutigen Gesellschaft, Ersatz für die zerbröselnden personalen Bindungen durch anonyme, freie Marktmechanismen zu suchen, wird dem Menschen durch das bloße Vorhandensein der Werbung ständig vor Augen geführt.

Auf diesem Humus wächst das Bild der Allmacht von Werbung – auch wenn der Rasenmäher sozialwissenschaftlicher Erkenntnisse immer wieder über solches Unkraut hinwegmäht.

# Typologie der Werbekritiker und ihre Motive

Versuchen wir einmal, die Welt vom Gegenblickpunkt aus zu betrachten. Was sehen wir? Kritik am Frauenbild in der Werbung kommt von unterschiedlicher Seite aus unterschiedlichen Motiven: *(Vier Gruppen)*

● Da gibt es erstens Frauen, bei denen herrscht Wut, Traurigkeit und Empörung über die „Vermarktung von Sexualität auf Kosten des weiblichen Geschlechts". Nennen wir sie *die-Frauen-der-Betroffenheit*.

Bei dieser Gruppe hat die Werbewirtschaft zur Kenntnis zu nehmen, daß sie – trotz häufig ungerechtfertigter Verallgemeinerung ihrer Werbekritik – tatsächliche Entgleisungen in der Werbung anprangern.

● Die zweite typische werbekritische Gruppe ist jene der *Ideologen*. Sie benutzen die Attacken in Sachen Sexsymbole in der Werbebotschaft als trojanisches Pferd. Ihre Werbekritik entpuppt sich bei näherer Beleuchtung als Vehikel zum Transport einer genuß- und lustfeindlichen Weltanschauung. Sie geben vor, Dämme bauen zu wollen gegen die Springfluten, die von der sogenannten sexuellen Revolution ausgelöst wurden.

An den Badestränden müßten sie Jagd auf Frauengruppen mit „oben ohne" machen. Empfehlenswert wäre auch eine Medienpolizei zur Tilgung der massenhaft vorhandenen sexuell-betonten redaktionellen Beiträge in Presse- und Funkmedien. Ein Kultur-Sicherheitsdienst müßte altgriechische Vasen mit eindeutigen sexuellen Darstellungen zerschlagen und Nacktes aus Malerei oder von Bildhauern Geschaffenes vernichten – ganz abgesehen von den Güterzügen, beladen mit Büchern und Filmen erotischen und vor allem sexuellen Inhalts.

**Lust am gespaltenen Denken**

Natürlich, das ist eine Karikatur. Sie zeigt aber die Methode der Lust am gespaltenen Denken: Die Ideologen schlagen den Sack, meinen aber den Esel. Sie kritisieren die Werbung, meinen aber mit ihrer Weltanschauung tatsächlich die Souveränität der Bürgerinnen und Bürger im Umgang mit Sexualität und Erotik.

● Drittens bilden die *Moralisten* ein werbekritisches Potential. Sie verlangen von der Werbung pädagogische und erzieherische Leitbildfunktion in der Gesellschaft. Doch sie unterliegen einem fatalen Mißverständnis: Werbung richtet sich an einzelne Gruppen, um ihnen zu offerieren, was an Waren und Dienstleistungen vorhanden ist, und will nicht sagen oder zeigen, was gesellschaftlich wünschenswert und wichtig wäre.

Die Moralisten sind fast ausschließlich – wie das Kaninchen auf die Schlange – auf die Werbemaßnahme fixiert, also auf die in einer Anzeige verwandten Bildmotive oder werbenden Texte.

Diese absenderorientierte Bewertung von Werbung ist jedoch im wahrsten Sinne des Wortes einseitig. Sie berücksichtigt nicht, was mit der Botschaft beim Empfänger geschieht – also bei einem hochkomplexen, vernunftbegabten Wesen mit eigener Biographie und persönlichen Erfahrungen.

Wenn zum Beispiel ein psychisch gesunder Mensch eine Werbung mit erotischen Elementen sieht, dann wird er daraufhin nicht zum Vergewaltiger.

Zu diesem Sachverhalt gesellt sich zusätzlich die Beobachtung, daß wir in Sachen Werbung der Wirtschaft offenbar eine Gesellschaft von Opfern sind. Denn Täter scheint es nicht zu geben: Der rasende Autofahrer ist nicht rücksichtslos, der Vergewaltiger nicht krank, der Alkoholiker nicht psychisch gestört, der Schuldner nicht leichtsinnig, der Dicke nicht hemmungslos oder durch Erbanlagen bedingt dick – nein, die Werbung ist schuld.

**Gesellschaft von Opfern**

Der britische Schriftsteller Ambrose Bierce definiert in seinem „Des Teufels Wörterbuch" Verantwortung aphoristisch frech als „eine abnehmbare Last, die sich leicht Gott, dem Schicksal, dem Zufall oder dem Nächsten aufladen läßt" (Bierce 1966, 290). Hier fehlt in der Aufzählung nur noch die Werbung.

Der Beifall des von seiner Selbstverantwortung entlasteten Publikums ist den Moralkritikern gewiß. Denn der Mensch muß die Ursachen seiner Probleme nicht mehr dort suchen, wo sie sind: in ihm selbst. Daß einem Kranken oder wie auch immer Beschädigten mit einer solchen ‚Entlastung' nicht geholfen ist, sie eher seine Gefährdung verstärkt, weiß jeder, der sich mit dem menschlichen Seelenleben auseinandersetzt.

● Als vierte Gruppe in der Typologie der Werbekritiker lassen sich die *Populisten* ausmachen. Sie sind die Trittbrettfahrer, die überall dort auf den Zug von Werbekritik aufspringen, der in Richtung ‚Medien-Resonanz' fährt. Sie kommen in fast allen Gruppen der deutschen Gesellschaft vor – besonders bei politischen Parteien.

Einzelne tatsächliche oder vermeintliche Entgleisungen in der Werbung werden öffentlich hochgehalten und ohne Scheu die gesamte Werbebranche an den

Pranger gestellt. Politiker wissen, daß sie mit populistisch untermalten Attacken auf die Werbung der Wirtschaft dort hingelangen, wo sie sich selbst inniglich mit ihrem Namen sehen wollen: in den redaktionellen Teilen der Medien.

**Spagat der Kritik**

Fazit dieser kleinen und nur oberflächlichen Typologie: Die Kritik an der Werbung gleicht einem Spagat, denn

– auf der einen Seite agieren die Ideologen, die den Sack – also die Werbung – schlagen und den Esel – also das Gesellschaftssystem – meinen.

Und es finden sich dort die Populisten als falsche Retter der öffentlichen Moral. Ihnen geht es weniger um die Würde der Frauen, als vielmehr um ihren eigenen Bekanntheitsgrad.

– Auf der anderen Seite operieren die Moralisten. Für sie hat Werbung die verderbliche, magische Kraft von Götzenbildern.

Aber auf jener Seite sind auch Menschen aktiv, die ohne trojanische Taktik und Ideologie um die Akzeptanz der Würde von Frauen im gesellschaftlichen Leben kämpfen.

# Werbung folgt der Gesellschaft

Was hat es mit dem Begriff „Sexismus" überhaupt auf sich? Sexualität kommt bekanntlich aus dem Lateinischen und heißt „Geschlechtlichkeit". Handelt es sich beim überwiegenden Teil der Werbung mit angeblichen Sexsymbolen tatsächlich nicht aber um erotische Elemente?

Bei Erotik steht in den meisten Fällen nicht die körperliche Beziehung im Mittelpunkt, sondern die sinnliche Liebe – also der geistig-seelische Bereich.

Werbekritiker sagen (ganz gleichgültig aus welcher Gruppe): „Frauenfeindlich ist alles, was sexistisch ist." Aber was ist sexistisch, was ist Sexismus?

**Kritik veraltet**

Muß man annehmen, daß als „Sexismus" jeweils das bezeichnet wird, was Kritikern aus ihren jeweiligen Absichten heraus nicht paßt – was *sie* als „sexistisch" definieren?

Die Diskussion über angeblichen oder tatsächlichen „Sexismus" in der Werbung kommt mindestens fünfzehn Jahre zu spät. Der Zeitgeist hat die alte Prüderie längst überrollt. Die Bürgerinnen und Bürger haben längst ein normales Verhältnis zur Lust gefunden. Von den Aposteln der neuen Lustfeindlichkeit lassen sie sich nicht mehr verunsichern.

Die Sexwelle Anfang der siebziger Jahre wurde nicht etwa durch die Werbung für Waren und Dienstleistungen ausgelöst, sondern insbesondere durch die erhebliche Lockerung des Sexualstrafrechts im Jahr 1973. Damit wurde der in Deutschland seit mehr als

**Strafrecht gelockert**

100 Jahren vertretene Anspruch des Staates auf Bevormundung der Bürger zumindest auf diesem Gebiet aufgegeben.

Die staatspolitisch motivierte größere sexuelle Freizügigkeit wirkte sich insbesondere in den redaktionellen Teilen der gedruckten und elektronischen Medien aus. Denken wir nur an den damaligen Oberaufklärer der bundesdeutschen Republik, Oswald Kolle.

Je nach Lebensauffassung und Weltanschauung läßt sich diese redaktionelle Medienwirklichkeit beklagen oder beklatschen. Die gesellschaftlichen Verhältnisse aber waren oder sind so. Und das heißt: Die Bürgerinnen und Bürger wollen in der überwiegenden Mehrheit keinen Rückfall in die Sexualfeindlichkeit früherer Jahrzehnte. Wer dennoch dafür plädiert, müßte das Volk abwählen.

**Mehrheit liberal**

Nehmen wir zum Beispiel das Fernsehen. Eine repräsentative Meinungsumfrage unter der erwachsenen Bevölkerung im Auftrag der Programm-Zeitschrift „Bild+Funk" ergab bereits im Februar 1989: Zwei Drittel der Bundesbürger sind an Sex-Beratung und Soft-Pornos zu später Stunde auf dem Bildschirm interessiert oder haben nichts gegen solche Sendungen. Nur ein knappes Drittel lehnt solche Programmteile ab (ein Rest von drei Prozent hat dazu keine Meinung).

Die Liberalisierung des Sexualstrafrechts Anfang der siebziger Jahre fand auch Eingang in die Gestaltung von Werbung – aus einem klaren Zusammenhang heraus:

Werbung ist Spiegelbild der Gesellschaft. Nicht die Werbung prägt die Gegenwart, sondern die Gegenwart prägt die Werbung. Anbieter von Waren und Dienstleistungen müssen Werbemaßnahmen in der Sprache und in den Bildern der jeweiligen Gegenwart gestalten. Tun sie das nicht, werden sie von den Umworbenen nicht gehört.

Werbung ist daher gezwungen, Entwicklungen in der Gesellschaft nachzuvollziehen, wenn sie akzeptiert bleiben will. Werbung, die sich an moralischen Utopien orientiert und nicht an der gesellschaftlichen Realität, verkommt zur betriebswirtschaftlichen Verschwendung. Geschädigt wird damit nicht zuletzt die Volkswirtschaft.

**Abbild Werbung**

Kein Produzent von Waren und kein Anbieter von Dienstleistungen will ja seine Erzeugnisse frauenfeindlich anpreisen. Nicht nur aus moralischen Gründen, sondern auch aus ganz handfestem betriebswirtschaftlichem Eigennutz: Wer seine Leistungen anbietet, der bewirbt sich beim möglichen Kunden. Er will den möglichen Abnehmer seiner Waren nicht beleidigen, vor den Kopf stoßen. Das tut er aber mit Werbung, die ‚feindlich' aufgebaut ist. Wer Werbung gestaltet und über sie entscheidet, muß daher sein Ohr dicht an gesellschaftliche Entwicklungen halten.

Wenn wir diesen Zusammenhang auf das Frauenbild in der Werbung von heute übertragen, dann bestätigt sich die Beobachtung, daß Werbung Spiegelbild und nicht Zerrbild gesellschaftlicher Wirklichkeit ist.

So war zu beobachten, daß die allgemeine Sexwelle – ausgelöst durch die Liberalisierung des Strafrechts – bereits Mitte der achtziger Jahre an Intensität nachließ. Das wurde in der Wirtschaftswerbung früher deutlich als im redaktionellen Teil der Medien: Der Deutsche Werberat, also die zentrale Instanz der deutschen Werbeselbstkontrolle, hatte im Februar des Jahres 1983 Anzeigen daraufhin geprüft, ob sie nackte Frauen zeigen.

Die Kontrolleure legten bei ihrer Untersuchung den Begriff „nackt" bewußt weit aus. Zugeordnet wurden diesem Begriff bereits Anzeigen, bei denen zum Beispiel in einer Strumpfwerbung lange Beine mit wehendem Rock gezeigt wurden, oder bei denen in der Werbung für ein Cremebad nackte Schultern und Knie zu sehen waren.

Dennoch ergab die Analyse einen geradezu verschwindend geringen Anteil von lediglich einem Prozent „nackter" Frauen in der Anzeigenwerbung: Nur 26 von insgesamt 2.614 geprüften Anzeigen zeigten „nackte" Frauen.

**Wenig „Nacktes"**

Davon lag in 16 Fällen zweifelsfrei ein Bezug zum Produkt vor (Badezusätze, Badewannen, Strumpfhosen, Rheumapflaster, Sonnenbank). Und lediglich bei fünf der Inserate hatte die Nacktheit nicht unmittelbar etwas mit dem beworbenen Produkt zu tun – also in nur 0,2 Prozent sämtlicher Fälle. (Strittig war die Einordnung von fünf Anzeigen für Reisen und Herrenmagazine.)

Zwei weitere Analysen zeigen, daß Werbung der gesellschaftlichen Entwicklung folgt. Es handelt sich um Untersuchungen, die an den Universitäten in Bochum sowie Mannheim durchgeführt worden sind.

Bei der Studie an der Universität Bochum wurden 1.230 Anzeigen von der Mindestgröße einer halben Seite in der Publikumszeitschrift „Stern" von August bis November 1988 analysiert. Die Zusammenfassung ergibt folgendes Bild:

Am häufigsten werden Frauen ohne Rollenzuordnung abgebildet (44 Prozent) oder gemeinsam mit einem Mann (33 Prozent), als Hausfrau tauchen Frauen dagegen nur sehr selten in der Werbung auf (4 Prozent), ebenso als Mutter (5 Prozent).

Die Studie an der Mannheimer Universität kommt zu folgendem Ergebnis:

An der Spitze steht der Freizeitbereich mit 33 Prozent der untersuchten Zeitschriftenanzeigen. Die zweite Position entfällt auf die Arbeits- und Berufswelt mit 21 Prozent. Und erst an dritter Stelle folgen Darstellungen der Frau im Familienleben mit 19 Prozent. Die restlichen Anteile entfallen auf die Bereiche Erziehung und Bildung (12 Prozent), religiöse und weltanschauliche Situation (8 Prozent) und politisches Leben (7 Prozent).

**Hausarbeit erst an dritter Stelle**

Halten wir als weiteres Fazit fest: Wer der Werbung Gerechtigkeit widerfahren lassen will, muß ihr hohes Fingerspitzengefühl beim Umgang mit der Darstellung von Frauen in der Werbung zugestehen.

Nur wer Werbung mit dem Vergrößerungsglas absucht, wird in Einzelfällen auf Fragwürdiges stoßen. Diese Schwarzfahrer der Branche aber sind in keiner Weise symptomatisch für die gesamte deutsche Werbewirtschaft.

# Wie „diskriminierende" Werbung auf Frauen wirkt

Den Blick nur auf die Werbung und ihre Kritiker zu richten, wäre aber unvollständig. Aufschlußreich ist auch die Antwort auf die Frage, wie die Frauen selbst Werbung einschätzen und wie sie sich verhalten.

Auskunft gibt hier zunächst die 1988 durchgeführte Meinungsbefragung des Instituts Emnid (im Auftrag einer Zeitschrift) unter erwachsenen Frauen zum Thema „Nackte Frauen in der Werbung". Danach fühlen sich nur 4 Prozent durch solche Werbung beleidigt, 26 Prozent ärgern sich darüber, 10 Prozent finden das gut und 59 Prozent ist das Vorhandensein solcher Werbung egal. Ein Fünftel der Frauen (20 Prozent) würde solche Werbung verbieten, doch über Dreiviertel (78 Prozent) hielten ein Werbeverbot für unsinnig.

**Neue Studie gibt Impulse**  Noch tieferen Einblick in die komplexen Verknüpfungen im Bereich Frauen und Werbung gibt eine jüngst veröffentlichte umfassende Studie einer Forschungsgruppe unter Leitung von Professor Dr. Reinhold Bergler, Direktor des Psychologischen Instituts der Universität Bonn.[*] Diese Untersuchung hatte das Bundesfrauenministerium in Auftrag gegeben.

Was Bergler und seine Wissenschaftler herausgefunden haben, könnte und sollte der Diskussion neue Impulse geben. In seinem Gesamtbefund weist der Sozialpsychologe insbesondere auf folgende Tatbestände hin:

---

[*] Frau und Werbung – Vorurteile und Forschungsergebnisse, Reinhold Bergler, 1992, Deutscher Instituts-Verlag, Köln

- Werbung betreibt jeder für fast jedes, und jeder hofft dabei auf positive „Wirkungen". Da Werbung aber überwiegend oberflächlich und kurzfristig wahrgenommen wird, haben viele Urteile über Sympathie oder Antipathie notwendigerweise den Charakter von Vorurteilen.

- Für eine Sachdiskussion sind solche Vorurteile extrem hinderlich – insbesondere deshalb, weil Werbung immer mit Wirkung gleichgesetzt wird. Laien können sich im Alltag kaum vorstellen, daß Werbung, die mit erheblichen Kosten verbunden ist, wirkungslos sein kann.

**Hinderliche Vorurteile**

Bereits auf der allgemeinen Ebene unterscheiden sich Menschen in der Art, wie sie Werbung annehmen: Wer Werbung als Beeinflusser oder gar Manipulateur der individuellen Kaufentscheidung sieht, steht der Werbung skeptisch gegenüber und ist mit dem Ruf nach Verboten schnell bei der Hand.

Jene Menschen, die in der Werbung ein nützliches Instrument zur eigenen Information sehen, beurteilen Werbung durchweg neutral bis positiv.

- Werbung muß immer für bestimmte Adressaten konzipiert sein. Deshalb wird sie in der Öffentlichkeit auch immer kontrovers diskutiert. Zum einen gibt es niemanden, der sich noch nicht über irgendeine Form von Werbung geärgert hat.

Andererseits gibt es aber auch niemanden, der sich nicht auch an attraktive, erfreuliche und sympathische Werbung erinnern könnte.

18 Prozent der Frauen eines repräsentativen Querschnitts der Bevölkerung berichten davon, daß sie sich über das Frauenbild in der Werbung schon einmal mas-

siv geärgert haben. Nur ein kleiner Teil von Frauen lehnt also bestimmte Frauendarstellungen in der Werbung ab.

Auf das Kaufverhalten wirkt sich dieser subjektive Ärger nur äußerst gering aus: Mehr als dreiviertel der verärgerten Frauen, die Werbung für bestimmte Produkte als „diskriminierend" bezeichnen, haben die derart beworbene Ware dennoch gekauft.

**Selbstbild entscheidet**

● Erstmals haben Professor Bergler und sein Team zwischen dem Fremdbild der jeweiligen Darstellung von Frauen in der Werbung sowie dem Selbstbild der Frauen unterschieden. Je weiter das Bild in der Werbung vom eigenen individuellen Selbstverständnis abweicht, desto heftiger ist die Kritik an der Werbemaßnahme.

Ob eine Anzeige als frauendiskriminierend erlebt wird, ist also entscheidend von den eigenen Wertvorstellungen und Überzeugungen, dem individuellen Selbstverständnis der Frauen in den verschiedenen Verhaltensbereichen abhängig. Es gibt keine Werbung, die allgemein als frauendiskriminierend erlebt wird.

So verwundert auch das folgende Ergebnis der Bergler-Studie nicht: Was der Deutsche Frauenrat (Dachorganisation der Frauenverbände in Deutschland) als frauendiskriminierend beanstandet hat, wird wiederum nur von einem Teil der Frauen in Deutschland in diesem Sinn bewertet.

Zusammenfassend kommt Professor Bergler zu dem mahnenden Hinweis: „Es ist der Lösung eines Problems nie dienlich, wenn Pauschalurteile die Szene bestimmen; sie sind nach allen sozialpsychologischen Erkenntnissen immer Vorurteile und damit nur hinderlich."

# Deutscher Werberat: Jeder kann Werbung stoppen

Die differenzierte wissenschaftliche Betrachtung des Komplexes ‚Frauenbilder in der Werbung' entlastet die werbenden Firmen deutlich. Dennoch darf sich die Werbewirtschaft nicht zur Selbstgefälligkeit verleiten lassen – nach dem Motto: „...ist doch alles gar nicht so schlimm!" Jede einzelne Entgleisung ist schlimm. Der wichtigste Grund: Keine Werbung der Wirtschaft darf Menschen verletzen – keine einzelne Gruppe, keine Religion, keine Alten oder Jungen, keine Kinder, Männer oder Frauen.

Doch die Rechtsgeschichte zeigt, daß die Würde der Frau nur schwer einklagbar ist. Das hin und wieder noch auftauchende Werbebild vom „netten, dümmlichen Sexhasen" mag vielleicht eine Kümmerform von Sexualität bei vereinzelten Werbefachleuten sein. Justitiabel aber ist es nicht.

**Würde schwer einklagbar**

Die „verharmlosende oder verherrlichende, deutlich erniedrigende sexuelle Darstellung von Frauen und Mädchen" schafft als Definition keine juristische Klarheit. Sie ist zu vage. Denn das führte zurück in die frühen Tage der Rechtsprechung, zu Zucht und Unzucht des vorigen Jahrhunderts – nach dem Grundsatz: Wenn sich nur jemand findet, der Anstoß nimmt, wird alles anstößig.

Diese Rechtslage machte es erforderlich, daß die Werbewirtschaft in Deutschland für ihren Arbeitsbereich selbst zusätzliche Verantwortung übernimmt. Das ist geschehen.

**Hilfe vom Werberat**

Deutschlands Werbungtreibende, Werbeagenturen und Werbemedien haben bereits bei der Gründung ihrer Dachorganisation, dem Zentralverband der deutschen Werbewirtschaft (ZAW) vor über vierzig Jahren in dessen Satzung die Aufgabe geschrieben, auf freiwillige Werbeselbstdisziplin hinzuwirken. Um der breiten Öffentlichkeit eine noch größere Einflußnahme auf das Werbegeschehen zu ermöglichen, rief der ZAW im Jahr 1972 den „Deutschen Werberat" ins Leben.

Jeder kann sich bei dieser Institution in Bonn über Wirtschaftswerbung beschweren. Dabei geht es weniger um rechtlich unzulässige Werbung – hier stehen Verbraucherorganisationen sowie den in Konkurrenz befindlichen Firmen ausreichend Rechtsmittel zur Verfügung. Auch der Werberat kann bei vermuteten Rechtsverstößen die klagebefugte ‚Zentrale zur Bekämpfung unlauteren Wettbewerbs' einschalten.

Überwiegend werden aus der Bevölkerung Fälle an den Werberat herangetragen, die rechtlich einwandfreie Werbung betreffen, aber bei denen aus unterschiedlichen, meist gesellschaftlichen Gründen Kritik vorgetragen wird. Dazu gehört auch der Bereich Diskriminierung von Frauen.

Den Werberat erreichen im Jahr insgesamt zwischen 200 und 300 Eingaben zu allen möglichen Themen wie Verletzung religiöser Empfindungen, Jugendschutz oder Diskriminierung von Personengruppen.

Zwar ist die Darstellung der Frau in der Werbung immer noch Thema Nr. 1 bei den Beschwerden. Doch ist hier in den letzten Jahren ein ständiger Rückgang zu beobachten. Während 1988 noch 123 Beschwerden zu diesem Sektor eingereicht wurden, verminderte sich diese Anzahl auf 67 (1989) und auf 55 (1990).

Im Jahr 1991 wurden nur noch 43 Werbemaßnahmen mit der Begründung angegriffen, sie enthielten herabwürdigende und das Anstandsgefühl verletzende Darstellungen und Aussagen über Frauen.

Das Gremium, dem zwölf erfahrene und angesehene Fachleute aus allen Arbeitsbereichen der Werbung angehören, holt in der Regel die Stellungnahme des betroffenen Unternehmens ein und prüft, ob die Eingabe berechtigt ist. Häufig reagieren die Firmen sofort und teilen in dieser Phase bereits mit, daß sie die kritisierte Werbemaßnahme einstellen.

**Erfahrene Experten**

Beispiele aus der Spruchpraxis des Deutschen Werberats demonstrieren, daß bewußte Provokation Gedankenlosigkeit bei den Schwarzfahrern der Werbewirtschaft vereinzelt eine Rolle spielen:

- So hat ein Textilhersteller auf Plakaten und in Anzeigen mit der Darstellung eines halbentblößten Mädchens in aufreizender Art geworben. Das europaweit geschaltete Motiv wurde nach Eingreifen des Werberats von der in Italien ansässigen Firma zurückgezogen. Gleichzeitig teilte die deutsche Werbeagentur mit, sie werde bei der italienischen Firma auf noch größere Sorgfalt bei der Auswahl der Motive für ihre Werbung drängen.

Die Beschwerde einer Frauengemeinschaft, diese Anzeige könne „als Aufforderung zu kriminellen Handlungen" verstanden werden, hat das Gremium indessen als überzogen einstufen müssen.

- In einem anderen Fall bot ein Versandhaus in seinem Katalog einen Aschenbecher in Form einer nackten, sitzenden Frau an – mit dem offensichtlich vom Hersteller als ‚originell' empfundenen Werbetext: „Drükken Sie Ihre Zigarette am Busen einer Dame aus. Es tut ihr nicht weh, denn sie ist aus Porzellan." Diese Werbung war einer Beschwerdeführerin ein Ärgernis.

Der Werberat teilte die Ansicht der Rüge. Gegen Herstellung und Vertrieb des Aschenbechers könne er zwar nicht vorgehen. Der kleingedruckte Text im Katalog stelle aber eine grobe Geschmacksverirrung und Herabwürdigung dar und sei zu beanstanden. Die Werbemaßnahme wurde daraufhin eingestellt.

**Ein klarer Fall**

● Öffentlich rügen mußte 1988 der Werberat zum Beispiel eine Werbemaßnahme der Firma D&W Auto, Sport + Zubehör GmbH (Bochum). Das Unternehmen hatte für breite Autoreifen mit Autofelgen aus Leichtmetall in einer Anzeige geworben. Da war eine junge Frau mit einem knappen Mieder und Strapsen abgebildet. Die Überschrift zu dieser Anzeige lautete: „Der Reiz der breiten Spur."

Das war für den Werberat ein klarer Fall von frauendiskriminierender Werbung durch die Verbindung von Bild und zweideutigem Werbetext werde die Frau in unzuträglicher Weise als sexueller Blickfang benutzt.

● Oder ein Versandhaus für Erotikartikel hatte in einem Katalog für ein FKK-Fotomagazin geworben unter der Headline „Jung und froh mit nacktem Po". Abgebildet waren Jungen und Mädchen. Der Werbetext enthielt unter Hinweis auf das „nackte Treiben" am FKK-Strand Äußerungen wie da würden „...halbwüchsige Teeny-Girls stolz zarte Brust und erste Scham zur Schau tragen, Mädchen – noch klein vom feinsten Härchen freudig sporten...".

Das Bundesfamilienministerium sowie der Deutsche Kinderschutzbund ließen darauf Beschwerdebriefe folgen, in denen sie diese Werbung als pornographisch einstuften.

Der Deutsche Werberat stellte die Werbeentgleisung kurzfristig ab. Er wies den Werbungtreibenden darauf hin, daß der gewählte Werbetext herabwürdigend sei und das Anstandsgefühl verletze. Außerdem steckten in der Anzeige Assoziationen zu sexuellem Mißbrauch an Kindern.

Das werbungtreibende Unternehmen sah seinen „Fehltritt" ein und teilte mit, die Veröffentlichung der Anzeige in dieser Form sei auf eine hausinterne Panne zurückzuführen. Die Werbung sei auch bereits eingestellt worden und werde in dieser Form auf keinen Fall wiederholt.

**Fehltritt eingesehen**

● In einem anderen Beschwerdefall bewarb eine Metallwarenfabrik ihre Maschinen und Werkzeuge mit der Abbildung eines mit Stahlpyramiden als BH bekleideten Oberkörpers einer Frau und dem Anzeigentext: „Uns ist keine Form fremd." Auf Veranlassung des Werberates wurde die Schaltung dieser Werbemaßnahme unverzüglich eingestellt.

● Oder eine Firma schaltete für ein Entgasungssystem eine Anzeige mit der Abbildung eines weiblichen, unbekleideten Gesäßes und dem Anzeigentext: „Lassen Sie doch mal die Luft raus." Auch diese Werbemaßnahme konnte der Werberat aus dem Verkehr ziehen.

● Eine andere kritikwürdige Werbeanzeige kam von einem Produzenten von Autoglas. Abgebildet war dort ein Frauengesäß, das nur mit einem sogenannten Tanga-Slip bekleidet war. Über dieser in einer Tageszeitung geschalteten Werbemaßnahme stand: „Es gibt nur wenig, das uns aus der Fassung bringen kann."

- Ebenso unsittlich ist es, wenn ein holländisches Unternehmen für seine Zwiebeln mit dem Slogan wirbt: „Etwas Scharfes aus Holland" und dazu nur mit Netzstrümpfen bekleidete Frauenbeine zeigt.

- Gleichfalls frauendiskriminierend ist die Prospektwerbung eines Pkw-Anbieters, in der drei leichtbekleidete weibliche Rückansichten unter der Überschrift zu sehen sind: „Von Hintern, Haxen und Hinterachsen."

- Oder die Werbeanzeige einer Diskothek: Dort sind gespreizte Frauenbeine abgebildet, zwischen denen eine Flasche steht.

Solche Werbemaßnahmen sind ohne Wenn und Aber zu verurteilen. Die werbungtreibenden Firmen und Werbeagenturen handeln dort offensichtlich bewußt, gezielt, kalkuliert gegen herrschende moralische Auffassungen. Sie nehmen keine Rücksicht auf die Würde von Menschen, auf Empfindungen und auf Werte, die den zivilisierten Umgang miteinander in einer demokratischen Gesellschaft regeln.

**Handeln ohne Rücksicht**

Alle hier genannten Werbemaßnahmen konnten mit Hilfe der Werbeselbstdisziplin abgestellt werden. Daran wird deutlich: Mit dem Werberat verfügen die Bürger in Deutschland über ein wirkungsvolles System zum Abstellen von Pannen in der Wirtschaftswerbung. Diese Institution stellt mit ihrer Autorität besser als jedes Gesetz Diskriminierung ab und verhindert sie. Werbeselbstkontrolle ist immer dort effektiver,

– wo der Staat nicht regeln sollte, um den Wettbewerb nicht unnötig zu behindern,

– und wo der Staat nicht regeln kann, weil nicht alle Lebensvorgänge rechtlich erfaßbar sind.

Der Werberat dient der Bevölkerung als Instrument der Mitbestimmung im deutschen Werbewesen. Denn der Mechanismus der Werbeselbstdisziplin gibt den Bürgerinnen und Bürgern die Möglichkeit, gegebenenfalls unmittelbar in das Werbegeschehen eingreifen zu können. Sie werden damit zu einflußreichen Werbeteilnehmern: Schon eine einzige Beschwerde kann ausreichen, eine gesamte Werbekampagne zu stoppen – auch wenn sie rechtlich einwandfrei ist.

**Instrument zum Mitbestimmen**

So verhält sich die Werbewirtschaft noch demokratischer als die Demokratie: Sie gibt selbst extremen Minderheiten die Möglichkeit, sich nicht der Meinung der Mehrheit über eine Werbemaßnahme unterwerfen zu müssen.

Zu diesem mit keinem Bereich der Öffentlichkeit vergleichbaren System der Selbstdisziplin kommt eine weitere Erkenntnis: Diskriminierende Werbemaßnahmen sind nicht die Regel, sondern die Ausnahme. Einzelne Entgleisungen, die nicht bestritten werden, dürfen aber nicht zur Kollektiv-Beschuldigung, nicht zur Sippenhaft der ganzen Branche führen.

# Mißbrauch der Selbstkontrolle

**Angebliche Bürgerinteressen**

Den Werberat erreichen aber gleichfalls Beschwerden, bei denen es gar nicht um Herabwürdigung von Frauen geht, sondern um etwas ganz anderes: um die Artikulation gesellschaftspolitischer Ziele einzelner Gruppen, die vorgeben, gegenwärtige Interessen der Bürgerinnen und Bürger zu vertreten. Dabei handelt es sich teilweise um nicht mehr nachvollziehbare Interpretationen normaler Lebenssituationen.

So kritisierte zum Beispiel eine Frauen-Vereinigung die Anzeige für ein Rasierwasser mit der Abbildung eines Mannes mit nacktem, muskulösem Oberkörper als „Beweihräucherung des Prototyps eines Machos". Mit dieser Werbung, so die weiblichen Kritiker, würden „Schläge, Vergewaltigung, sexuelle Belästigung am Arbeitsplatz oder Anmache auf der Straße" gefördert.

Hier wird ein Bild vom simplen Konsumenten vorgeführt, der beliebig manipulierbar und hemmungslos sei. Die Wirklichkeit sieht völlig anders aus. Werbung verwandelt – wie zuvor bereits grundsätzlich besprochen – weder friedliche Männer in gewalttätige Wesen noch kann umgekehrt ein Verzicht auf Werbung die Probleme aggressiver und zur Gewalt neigender Männer lösen oder deren Attacken vermeiden, wie die Sozialpsychologie und Sozialwissenschaft vielfach bestätigt.

Im politischen Bereich kam es Mitte der achtziger Jahre sogar zur Diskriminierung von Werbung. So meldete 1985 zwar das Bundesfamilienministerium:

„Eindeutig frauendiskriminierende Werbung ist ‚deutlich' zurückgegangen." Dies betreffe vor allem Werbung, bei der Frauen als aufreizender Blickfang und ohne Bezug zum Produkt dargestellt würden. Solche vom Deutschen Werberat in der Regel gerügten Werbemaßnahmen würden dann von den betroffenen Firmen fast immer zurückgezogen.

**Werbung wird diskriminiert**

Damit aber doch noch etwas an schlagzeilenträchtiger Werbekritik bleibt, meinte das Bundesministerium 1988: Werbung, die eine „differenzierende Diskriminierung der Frau enthält, wird vom Werberat seltener beanstandet". Darunter versteht das Bundesministerium zum Beispiel „Anzeigen oder Werbefilme, in denen Frauen als alleinige Konsumentinnen von Erzeugnissen für den Haushalt erscheinen".

Eine solche Unterstellungen gehen an der Wirklichkeit vorbei. Denn jede Verbraucheranalyse weist nach, daß immer noch Frauen die häufigsten Einkäufer und auch Verwender solcher Waren sind.

Diese – je nach Standort für richtig oder falsch angesehenen – gesellschaftlichen Verhältnisse finden sich in der Werbung der Firmen wieder. Ein Blick zurück in die Werbegeschichte würde lehren, wie Werbung von den jeweils herrschenden gesellschaftlichen Verhältnissen beeinflußt wird und sie wiederspiegelt.

Und zu dem Gebrauch von Haushaltsartikeln: Es war Werbung, die entscheidend dabei mitgeholfen hat, das Leben der Frauen durch werbendes Bekanntmachen von elektrischen Haushaltsgeräten und selbsttätigen Waschmitteln erträglich zu machen. Es ist erst knapp 50 Jahre her, daß extrem umweltschädliche ätzende Laugen, Rillenbretter, Wäschestampfer und heiße Waschbottiche verwendet werden mußten.

**Veraltete Maßstäbe**

Die Vereinnahmung des populistischen Themas ‚Sexsymbole in der Werbebotschaft' vor allem durch politische Parteien führt dazu, daß die Bürokratie Werbung mit zum Teil veralteten und lebensfremden Maßstäben mißt.

So gibt es Beispiele von Werbekritik, die regelrecht an den Haaren herbeigezogen werden.

Das Bundesfrauenministerium kritisierte zum Beispiel den Wandkalender eines Blumenversandunternehmens. Das Blatt des Monats April zeigt einen Frauenkopf mit einer Schleife im Haar, umrankt von Blumen, darunter steht: „Legen sie Ihrem Häschen ruhig mal einen Strauß ins Nest." Das Ministerium meinte, damit würden Frauen „ganz subtil als leicht verfügbar, als Häschen dargestellt". Das heißt also, kein Mann nenne mehr seine Angebetete ‚Mäuschen' oder ‚Kätzchen'.

**Staatliche Auswüchse**

Ein anderes Beispiel aus der Herstellerwerbung zeigt in einer Anzeige eine Frau, die ihrem Mann auf einem Tablett Gänseleberpastete reicht, die sie offenbar selber eingekauft hat. Das Bundesfrauenministerium sah auch darin eine Diskriminierung. Begründung: Der Mann hätte seiner Frau die Pastete anbieten müssen. Hier kann man getrost von Auswüchsen amtlicher Werbekritik sprechen.

Es wäre indessen regelrecht ökonomische und volkswirtschaftliche Verschwendung von Betriebsmitteln, wenn eine Firma mit Hilfe ihres Werbeetats nicht ihre Käufer- und Verwendergruppen ansprechen würde, sondern mit der Werbung zum Beispiel für Spülmittel, Zahnpasta oder Brühwürfel politische Propaganda mittragen sollte.

Damals plante das Bundesfrauenministerium einen sogenannten „Leitfaden", mit dem halbstaatlich die Darstellung von Frauen und Männern in der Werbung festgelegt werden sollte. Dieser Leitfaden hätte die Wirkung eines Quasi-Gesetzes gehabt. Denn jedes werbungtreibende Unternehmen, jede Werbeagentur und jedes Medium müßte diesen ‚Katalog der Werbung nach staatlichem Geschmack' beachten, um nicht öffentlich angeprangert zu werden.

**Geplante Zensur**

Nachdem die deutsche Werbewirtschaft der Öffentlichkeit die Konsequenzen dieser indirekten staatlichen Werbezensur erläutert hatte, zog das Ministerium die Absicht zurück.

Bezeichnenderweise hatte das Bundesfrauenministerium keinen Leitfaden in Arbeit, der den redaktionellen Teil der Medien betrifft. Hier wird man an den Begriff ‚Populismus' erinnert.

Um Mißbrauch von Werbekritik zu verhindern, hat daher der Werberat seine Spruchpraxis folgendermaßen erläutert:

**Gegen Mißbrauch von Kritik**

1. In der Wahl ihrer Motive ist eine werbende Firma völlig frei. Weder eine selbstdisziplinäre noch eine staatliche Stelle kann und darf ihr dort Vorschriften oder Vorgaben machen. Die Darstellung einer Frau – oder eines Mannes – in einer bestimmten Rolle, in einer bestimmten Werbemaßnahme ist als solche weder herabwürdigend noch diskriminierend – und zwar auch dann nicht, wenn es sich tatsächlich oder vermeintlich um eine traditionelle oder überholte Rolle handelt.

2. Eine Art ‚Quotenregelung' für die Menge von abgebildeten Frauen und Männern in der Wirtschaftswer-

bung kann weder für eine einzelne Werbemaßnahme noch für einen einzelnen Werbungtreibenden, noch für die Wirtschaftswerbung insgesamt gelten.

3. Die Abbildung von Menschen als „Blickfang" oder „Dekoration" in der Werbung ist durchaus üblich und als solche noch nicht herabwürdigend oder diskriminierend. Es müssen vielmehr besondere Umstände vorliegen, ehe ein derartiges Unwerturteil gefällt werden kann.

4. Darstellungen und Aussagen mit sexuellem oder erotischem Bezug werden vom Werberat dann kritisiert, wenn sie das allgemeine Anstandsgefühl verletzen.

# Maßstäbe des Werberats

Welche Maßstäbe legt der Werberat an, wenn er Fälle von vermuteter Diskriminierung von Frauen oder deren Herabwürdigung behandelt? Grundlage aller Tätigkeiten des Werberats sind die Arbeitsgrundsätze in der Fassung von 1979. Dort sind unter anderem die skizzierten Aktivitäten sowie der Rahmen festgelegt, den das Gremium bei seiner Arbeit zu berücksichtigen hat.

Ein Kernsatz lautet dort „Der Werberat ist bei der Bildung seiner Meinung frei und an Weisungen nicht gebunden. Er hat zu berücksichtigen:

- die gesetzlichen Vorschriften,
- die Richtlinien des ZAW,
- die Internationalen Verhaltensregeln für die Werbepraxis, soweit sie im Rahmen der deutschen Rechtsordnung verwendbar sind."

Grundlagen

Für die Beurteilung einzelner Beschwerden berücksichtigen die Mitglieder des Werberats als Grundlage freiwilliger Selbstbeschränkung aber auch die gesellschaftlichen Realitäten sowie die Formen redaktioneller Beiträge in Presse und Funkmedien. Manche Beschwerdeführer, so die Erfahrung, legen an Werbung einen viel engeren Maßstab an, als es den tatsächlichen Lebensverhältnissen entspricht – zum Beispiel in bezug auf die Darstellung von Frauen.

Werbung aber findet nicht im keimfreien Raum statt, sondern ist Teil der Alltagskultur, an der sie sich zu orientieren hat, will sie beachtet werden. Extreme Minderheitspositionen können dann nicht berücksichtigt

Teil der Kultur

werden, wenn sie in krassem Gegensatz zur gesellschaftlichen Realität stehen.

Darüber hinaus hat sich der Werberat grundsätzlich zum Thema ‚Frauen-Bilder in der Werbung' geäußert. Bereits 1980 hatte die Institution in einer Verlautbarung alle Bereiche der Werbewirtschaft darauf hingewiesen, daß herabwürdigende und das Anstandsgefühl verletzende Darstellungen und Aussagen über Frauen vom Deutschen Werberat mißbilligt werden.

Im April 1992 appellierte der Werberat an die Werbewirtschaft, aufgrund ihres Selbstverständnisses und ihrer gesellschaftlichen Verantwortung auch in Zukunft auf Darstellungen zu verzichten, die das allgemeine Anstandsgefühl sowie die Menschenwürde verletzen.

In der neuen Verlautbarung des Gremiums heißt es weiter, es dürfe in der Werbung nicht der Eindruck erweckt werden, daß bestimmte Personen oder Personengruppen unter anderem wegen ihres Geschlechts, ihrer Herkunft oder ihrer Anschauung minderwertig seien. Zur Beachtung der neuen Grundsätze zähle insbesondere auch, daß bei der Darstellung von Personen in der Werbung sexuell aufreizende Abbildungen oder Texte unterlassen werden.

Das Motiv der neuen Verlautbarung des Gremiums: Rechtzeitig vor dem Start in den EG-Binnenmarkt und des Europäischen Wirtschaftsraums (EWR) sollte eine generelle Richtschnur für alle auf dem deutschen Territorium werbenden Firmen in bezug auf Menschenwürde gelten. Denn der Werberat geht davon aus, daß es auf dem kaufkräftigen deutschen Markt mehr Wettbewerb geben wird und daher auch mehr Konfliktfälle rechtlich einwandfreier aber unerwünschter Werbemaßnahmen.

# Pflicht zur Ethik und Moral

Die Grundauffassung zur Würde des Menschen der im Zentralverband der deutschen Werbewirtschaft und im Werberat versammelten Branche gründet sich auf eine klare Erkenntnis: Der Markt ist keine moralisch neutrale Zone, die einer Ethik des wirtschaftlichen Handelns nicht bedarf.

*Markt keine moralisch neutrale Zone*

Ständiges kritisches Hinterfragen der Wirtschaftsordnung, systemimmanente Kritik ist aus sozialethischer Sicht gerade in der „sozialen" Marktwirtschaft notwendig und willkommen, um Konstruktionsmängel zu erkennen und ‚Bedienungsfehler' auszuschalten.

Von der Pflicht ethischen Verhaltens ist auch die Werbewirtschaft als Teil des ökonomischen Systems nicht ausgenommen. Es wäre geradezu illusionär und regelrecht unmoralisch, auf ein Ende von Werbekritik zu hoffen oder es gar zu fordern.

Im Gegenteil: Es gehört zur Pflicht der um Aufmerksamkeit werbenden Branche, kritische Reflexion zu ermöglichen und Selbstzweifel am eigenen Tun zu kultivieren. Das ist Verantwortung. Verantwortung zu übernehmen heißt nicht nur, zu einer Sache zu stehen, sondern sich auch zu stellen: den Fragen, den Vorwürfen, der Kritik.

*Positive Kritik*

Wenn die Werbewirtschaft die in der Verfassung verankerte Berufsfreiheit und Meinungsfreiheit für sich zu Recht in Anspruch nimmt, dann muß sie sich auch im Spielraum dieser Normen bewegen.

In der Bevölkerung aber sind Sexualität und Gleich-

**Vormund entbehrlich**

berechtigung in bezug auf Wirtschaftswerbung im allgemeinen kein Thema. Die Bürgerinnen und Bürger brauchen keinen staatlichen Vormund, der ihnen sagt, was sie in der Werbung sehen dürfen und was nicht. Minderheiten haben kein Recht zur Gängelung und kein Recht zur Manipulation von Werbung.

Jede Werbemaßnahme in den Medien setzt sich ohnehin der Kritik aus, sie steht am Pranger der öffentlichen Meinung – und zwar unverhüllt. Das sind die nackten Tatsachen.

# Mitglieder des Deutschen Werberats

## Vier Delegierte der werbungtreibenden Wirtschaft

**Jürgen Schrader**
Vorsitzender des Aufsichtsrats
der Deutschen Unilever GmbH, Hamburg

**Bernt Berghäuser**
Direktor der Marketing Services der BASF AG, Ludwigshafen

**Karl-Heinz Niehüser**
Hauptgeschäftsführer des Hauptverbandes
des Deutschen Einzelhandels (HDE), Köln

**Heinz Wiezorek**
Geschäftsführer der Coca-Cola GmbH, Essen

## Drei Delegierte der werbungdurchführenden Medien

**Heiko Klinge**
Geschäftsführender Gesellschafter der Bernward Beteiligungs- und Verwaltungsgesellschaft mbH, Hildesheim

**Dr. Pierre Gerckens**
Vorsitzender des Aufsichtsrats Handelsblatt Düsseldorf,
Geschäftsführer überregionale Zeitungen und Zeitschriften
der Verlagsgruppe Georg von Holtzbrinck GmbH, Stuttgart

**Dipl.-Vw. Rudi Sölch**
Verwaltungsdirektor des Zweiten Deutschen Fernsehens, Mainz

## Zwei Delegierte der Werbeagenturen

**Georg Baums**
Chairman & Chief Executive Officer der Publicis/FCB
Communication Deutschland, Düsseldorf

**Bernd M. Michael**
Geschäftsführender Gesellschafter und Hauptgeschäftsführer
der Grey Gruppe Deutschland Management-Service GmbH, Düsseldorf

## Ein Delegierter der Werbeberufe

**Hermann Wasser**
Geschäftsführender Gesellschafter der logo Gesellschaft für
integrierte Unternehmens-Kommunikation mbH, Düsseldorf

## Zusätzlich berufen

**Dr. Regine Jebsen**
Werbeberatung, Lübeck

**Ursula Schörcher**
Leiterin Marketing Deutschland der Deutschen Lufthansa AG, Frankfurt

# Grundlagen

### Arbeitsgrundsätze des Deutschen Werberats
(Fassung von 1979)

1. Zur Verwirklichung freiwilliger Selbstverantwortung der Werbewirtschaft, wie sie in § 2 der ZAW-Satzung verankert ist, hat das Präsidium des ZAW den „Deutschen Werberat" eingesetzt. Seine Aufgabe ist es, durch geeignete Maßnahmen die Werbung im Hinblick auf Inhalt, Aussage und Gestaltung weiterzuentwickeln, verantwortungsbewußtes Handeln zu fördern, Mißstände im Werbewesen festzustellen und zu beseitigen sowie als ständiges Anspracheorgan für verbraucherbezogene Werbeprobleme zur Verfügung zu stehen.

2. Zu den Maßnahmen, die der Deutsche Werberat im Auftrage des ZAW-Präsidiums wahrnimmt, gehören insbesondere:

a) die Gesprächsführung mit der Arbeitsgemeinschaft der Verbraucherverbände (AgV) und anderen verbraucherbezogenen Organisationen,

b) die Entwicklung von Leitlinien selbstdisziplinären Charakters sowie die Aufstellung von Wettbewerbsregeln, die durch den Präsidialrat des ZAW zu verabschieden sind,

c) Anweisungen an die ZAW-Geschäftsführung zur Durchführung organisatorischer Einzelmaßnahmen (Informations- und Benachrichtigungsdienst, Behandlung von Beschwerden usw.),

d) sonstige Maßnahmen, die geeignet sind, werbliche Aussagen und Darstellungen im Hinblick auf ihre Verbraucherbezogenheit zu fördern und Fehlerscheinungen oder Fehlentwicklungen auf dem Gebiet der Werbung entgegenzutreten.

3. Zu den Mitgliedern des Deutschen Werberats gehören:

vier Delegierte der werbungtreibenden Wirtschaft,
drei Delegierte der werbungdurchführenden Wirtschaft,
zwei Delegierte der Werbeagenturen,
ein Delegierter der Werbeberufe.

Die Mitglieder des Deutschen Werberats müssen dem Präsidium des ZAW angehören. Die Mitglieder, der Vorsitzende und der stellvertretende Vorsitzende des Deutschen Werberats werden vom Präsidium gewählt.

Das ZAW-Präsidium kann aus der Werbewirtschaft zusätzlich weitere Mitglieder kooptieren. Die Berufung endet mit der Amtszeit des Präsidiums.

4. An den Sitzungen des Deutschen Werberats können teilnehmen:
a) die weiteren Mitglieder des ZAW-Präsidiums,
b) die Vorsitzenden der ZAW-Mitgliedsverbände.

5. Die Sitzungen des Deutschen Werberats sind vertraulich. Sie werden durch die ZAW-Geschäftsführung im Auftrag des Vorsitzenden des Deutschen Werberats einberufen.

6. Personen der Unternehmen, deren Interessen durch Beratungen berührt werden oder gegen die sich ein Antrag oder eine Beschwerde richtet, können bei der Aussprache über den Tatbestand anwesend sein. Ihre Anwesenheit bei der Beschlußfassung ist unzulässig.

7. In gutachtlichen Äußerungen des Gremiums müssen abweichende Meinungen einer Minderheit auf deren Wunsch mitgeteilt werden.

8. Der Werberat ist bei der Bildung seiner Meinung frei und an Weisungen nicht gebunden. Er hat zu berücksichtigen:

a) die gesetzlichen Vorschriften,
b) die Richtlinien des ZAW,
c) die internationalen Verhaltensregeln für die Werbepraxis, soweit sie im Rahmen der deutschen Rechtsordnung verwendbar sind.

9. Mit der Erledigung der laufenden Geschäfte des Werberats ist die Geschäftsführung des ZAW beauftragt. Sie nimmt an allen Sitzungen des Gremiums mit beratender Stimme teil.

## Verfahrensordnung des Deutschen Werberats
(Fassung vom 24. September 1979)

### Artikel 1
### Beschwerdeberechtigung

(1) Jedermann ist berechtigt, dem Deutschen Werberat Beschwerden über Werbemaßnahmen vorzulegen.

(2) Der Deutsche Werberat kann auch von sich aus ein Verfahren einleiten.

### Artikel 2
### Zuständigkeit des Deutschen Werberats

(1) Die Tätigkeit des Deutschen Werberats ist auf den Bereich der Wirtschaftswerbung beschränkt.

(2) Beschwerden, mit denen eine Verletzung der Bestimmungen des Heilmittelwerbegesetzes geltend gemacht wird, leitet der Deutsche Werberat zustän-

digkeitshalber an den Verein für lautere Heilmittelwerbung in Bonn weiter.

(3) Liegt nach Auffassung des Deutschen Werberats ein offensichtlicher Gesetzesverstoß vor, kann er die Angelegenheit an die Zentrale zur Bekämpfung unlauteren Wettbewerbs in Bad Homburg weiterleiten.

(4) Macht ein Beschwerdeführer geltend, ein Konkurrent habe gegen eine gesetzliche Bestimmung verstoßen, so kann der Deutsche Werberat ihn darauf verweisen, seine Rechte selbst geltend zu machen, es sei denn, die Werbemaßnahme könnte entscheidende Auswirkungen auf private Endverbraucher haben.

(5) Der Deutsche Werberat nimmt keine Vorprüfungen (Vorkontrolle, Vorzensur) von Werbemaßnahmen vor.

**Artikel 3
Form der Beschwerde**

(1) Beschwerden sind schriftlich unter Angabe des Beschwerdeführers und unter Vorlage oder Bezeichnung des Werbemittels (z. B. Anzeige, Prospekt, Fernsehspot, Plakat) zu richten an:

**Deutscher Werberat
Postfach 20 14 14
Villichgasse 17
5300 Bonn 2
Telefon: (02 28) 82 09 20 · Telefax: 35 75 83**

(2) Telefonische Beschwerden werden bearbeitet, wenn der Beschwerdeführer identifizierbar ist.

(3) Anonyme Beschwerden werden grundsätzlich nicht bearbeitet.

### Artikel 4
### Vertraulichkeit der Beschwerde

(1) Der Name des Beschwerdeführers wird vertraulich behandelt, es sei denn, er erklärt sich mit der Nennung seines Namens einverstanden.

(2) Ist der Beschwerdeführer eine Organisation, Institution oder Behörde, kann sein Name den anderen Verfahrensbeteiligten genannt werden, sofern der Beschwerdeführer nicht ausdrücklich eine vertrauliche Behandlung verlangt.

### Artikel 5
### Kosten des Verfahrens

(1) Das Verfahren vor dem Deutschen Werberat ist kostenlos.

### Artikel 6
### Offensichtlich unbegründete Beschwerden

(1) Hält der Deutsche Werberat eine Beschwerde für offensichtlich unbegründet, weist er sie zurück. Der Deutsche Werberat kann den Beschwerdegegner (Werbungtreibenden) sowie die verantwortliche Werbeagentur und den Werbeträger über die Angelegenheit unterrichten.

(2) Gegen die Zurückweisung der Beschwerde kann der Beschwerdeführer Einspruch einlegen. In diesem Fall wird das Verfahren entsprechend den Artikeln 7 ff. durchgeführt.

### Artikel 7
### Stellungnahme des Betroffenen

(1) Nach Eingang einer Beschwerde fordert der Deutsche Werberat den Werbungtreibenden und/oder die verantwortliche Werbeagentur auf, innerhalb einer be-

stimmten Frist eine Stellungnahme zu der Beschwerde abzugeben.

(2) Der Deutsche Werberat kann den Werbeträger, auf dessen Veröffentlichung sich die Beschwerde bezieht, über die Angelegenheit unterrichten.

## Artikel 8
## Erledigung durch Änderung der Werbung

(1) Erklärt der Werbungtreibende und/oder die Werbeagentur, daß die beanstandete Werbemaßnahme geändert oder nicht mehr fortgesetzt wird, unterrichtet der Deutsche Werberat darüber schriftlich den Beschwerdeführer sowie in Fällen des Artikels 7 Abs. 2 den Werbeträger.

(2) In besonderen Fällen kann der Deutsche Werberat eine Entscheidung darüber treffen, ob die Werbemaßnahme zu beanstanden gewesen wäre.

## Artikel 9
## Vorlage beim Deutschen Werberat

(1) Erklärt der Werbungtreibende und/oder die Werbeagentur, daß sie die Beschwerde völlig oder teilweise für unbegründet halten und die Werbemaßnahme deshalb nicht geändert oder eingestellt wird, oder wird innerhalb der gesetzten Frist (Artikel 7 Abs. 1) keine Stellungnahme abgegeben, trifft der Deutsche Werberat eine Entscheidung.

(2) Der Deutsche Werberat kann Beschlüsse im schriftlichen Wege fassen.

(3) Beratungen über Fälle von grundsätzlicher Bedeutung und über Fälle, in denen eine Vorführung der Werbemaßnahme erforderlich ist (z. B. bestimmte

Hörfunk- und Fernsehspots), erfolgen in der nächsten Sitzung des Deutschen Werberats.

(4) Die Beschlußfassung erfolgt mit einfacher Mehrheit der Stimmen der Mitglieder.

### Artikel 10
### Zurückweisung der Beschwerde

Weist der Deutsche Werberat die Beschwerde zurück, unterrichtet er darüber schriftlich den Beschwerdeführer sowie den Werbungtreibenden und/oder die Werbeagentur und in den Fällen des Artikels 7 Abs. 2 den Werbeträger.

### Artikel 11
### Beanstandung der Werbemaßnahme

(1) Beanstandet der Deutsche Werberat die Werbemaßnahme, unterrichtet er zunächst den Werbungtreibenden und/oder die Werbeagentur mit der Aufforderung, innerhalb einer bestimmten Frist mitzuteilen, ob die Werbemaßnahme geändert oder eingestellt wird.

(2) Erklärt der Werbungtreibende und/oder die Werbeagentur daraufhin, daß die beanstandete Werbemaßnahme geändert oder nicht mehr fortgesetzt wird, unterrichtet der Deutsche Werberat darüber schriftlich den Beschwerdeführer sowie in den Fällen des Artikels 7 Abs. 2 den Werbeträger.

(3) Erklärt der Werbungtreibende und/oder die Werbeagentur, daß die Werbemaßnahme nicht geändert oder eingestellt wird, oder erfolgt innerhalb der gesetzten Frist (Abs. 1) keine Äußerung, unterrichtet der Deutsche Werberat den Beschwerdeführer sowie in den Fällen des Artikels 7 Abs. 2 den Werbeträger von seiner Entscheidung.

**Artikel 12
Veröffentlichung**

(1) Im Fall der Erledigung nach Artikel 8 oder Artikel 11 Abs. 2 oder der Zurückweisung nach Artikel 10 kann, sofern die Beschwerde öffentlich erhoben worden ist oder der Werbungtreibende und/oder die Werbeagentur die Öffentlichkeit über die Beschwerde unterrichtet hat, der Deutsche Werberat das Ergebnis seiner Intervention ebenfalls veröffentlichen.

(2) Im Fall der Beanstandung nach Artikel 11 Abs. 3 kann der Deutsche Werberat die Öffentlichkeit von seiner Beanstandung unterrichten; auf diese Möglichkeit ist der Werbungtreibende und/oder die Werbeagentur vorher ausdrücklich hinzuweisen.

**Artikel 13
Einspruch**

(1) Gegen die Zurückweisung einer Beschwerde gemäß Artikel 10 kann der Beschwerdeführer Einspruch einlegen.

(2) Gegen die Beanstandung einer Werbemaßnahme gemäß Artikel 11 Abs. 1 kann der Werbungtreibende und/oder die Werbeagentur Einspruch einlegen.

(3) Der Einspruch ist schriftlich an den Deutschen Werberat zu richten.

(4) Über den Einspruch entscheidet der Deutsche Werberat. Für die Beschlußfassung gilt Artikel 9. Die Artikel 10 und 11 finden entsprechende Anwendung.

## Verlautbarung des Deutschen Werberats zum Thema Herabwürdigung und Diskriminierung von Personen
(Fassung von 1991)

Werbung ist ein notwendiges und unentbehrliches Instrument für den wirtschaftlichen Wettbewerb und für die Information der (potentiellen) Abnehmer und Nutzer von Waren und Dienstleistungen. Ohne Werbung gibt es keinen wirksamen Wettbewerb, und ohne Wettbewerb ist eine marktwirtschaftliche Ordnung nicht denkbar.

Werbung ist ein Ausdruck von und ein Beweis für Freiheit in einer Gesellschaft. Werbung braucht Freiheit, um ihre Funktion angemessen erfüllen zu können. Daher genießt sie auch den grundrechtlichen Schutz der Freiheit der Meinungsäußerung und der Freiheit der Berufsausübung.

Diese Freiheit kann jedoch nicht schrankenlos sein. Sie findet ihre Grenzen in den allgemeinen Gesetzen und den schutzwürdigen Belangen anderer. Dazu zählen insbesondere die für unsere gesamte staatliche und gesellschaftliche Ordnung geltenden Prinzipien des Schutzes der Menschenwürde und der Nicht-Diskriminierung. Diese Prinzipien hat auch eine verantwortungsbewußte Wirtschaftswerbung zu beachten.

Seit jeher schreitet der Deutsche Werberat deshalb bei Verstößen gegen diese Prinzipien ein und hat in diesem Zusammenhang bereits 1980 in einer Verlautbarung dazu aufgefordert, diskriminierende Darstellungen von Frauen in der Werbung zu unterlassen.

Angesichts der Bedeutung dieser Frage und ausgehend von seiner bisherigen Spruchpraxis weist der Deutsche Werberat auf folgendes hin:

Darstellungen und Aussagen in der Werbung dürfen nicht die Menschenwürde und das allgemeine Anstandsgefühl verletzen und bestimmte Personen oder Personengruppen nicht herabwürdigen oder verächtlich machen. Deshalb darf vor allem nicht der Eindruck erweckt werden, daß bestimmte Personen oder Personengruppen unter anderem wegen ihres Geschlechts, ihrer Herkunft oder ihrer Anschauungen minderwertig seien oder in Gesellschaft, Beruf und Familie willkürlich ungleich behandelt werden können.

Zur Beachtung dieser Grundsätze zählt insbesondere auch, daß bei der Darstellung von Personen in der Werbung sexuell aufreizende Abbildungen oder Texte unterlassen werden. Bei der Beurteilung, ob ein Verstoß gegen diesen Grundsatz vorliegt, sind auch die Art des beworbenen Produkts/der beworbenen Dienstleistung und der Charakter des Mediums zu berücksichtigen.

Bei der Beurteilung, ob ein Verstoß gegen diese Grundsätze vorliegt, stellt der Deutsche Werberat auf den Eindruck ab, den ein verständiger Durchschnittsbetrachter hat oder haben kann. Den berechtigten Anliegen und Anschauungen von Minderheiten wird in angemessener Weise Rechnung getragen.

Zu berücksichtigen ist dabei, daß die Werbung ein Spiegelbild der Gesellschaft und ihrer – sich wandelnden – Einstellungen ist und daß Darstellungen und Aussagen in der Werbung auch daran zu messen sind, was die Medien in ihren redaktionellen Beiträgen als gesellschaftliche Wirklichkeit darstellen.

Der Deutsche Werberat appelliert an die Werbewirtschaft, aufgrund ihres Selbstverständnisses und ihrer gesellschaftlichen Verantwortung diese Grundsätze zu beachten.

# Verlag edition ZAW

**Werbung in Deutschland**
ZAW-Jahrbuch der deutschen
Werbewirtschaft
rund 340 Seiten,
Schutzgebühr 25 Mark*)

**ZAW-service**
Informationsdienst der
werbewirtschaft
Jahresabonnemant 94 Mark*),
eingeschlossen
Zusatzmaterialien wie ein
Exemplar des Buches
„Werbung in Deutschland"

**Werbung in Grenzen**
Ein Report über das Netz der
Werbekontrolle in der
Bundesrepublik Deutschland
Volker Nickel
108 Seiten, 10. überarbeitete
Auflage, Schutzgebühr 10 Mark*)

**Jahrbuch
Deutscher Werberat**
rund 70 Seiten,
Schutzgebühr 10 Mark*)

**Spruchpraxis
Deutscher Werberat**
Ausgewählte Einzelfälle
170 Seiten, 6. erweiterte Auflage,
Schutzgebühr 12 Mark

**Werbung und Moral**
Volker Nickel
Vortragstext, kostenfrei

**Kulturfaktor Werbung**
54 Seiten,
Schutzgebühr 5 Mark

**Nackte Tatsachen
Das Frauenbild in der
Werbung**
Volker Nickel
40 Seiten, Schutzgebühr 5 Mark*)

**Zigaretten-Werbung**
Fakten ohne Filter
45 Seiten, 5. überarb. Auflage,
Schutzgebühr 5 Mark*)

**Nüchterne Fakten
zur Werbung für
alkoholische Getränke**
56 Seiten, 2. überarbeitete
Auflage, Schutzgebühr 5 Mark*)

**Gesundheit: Heilsame
Fakten zur Publikums-
Werbung für Arzneimittel**
Volker Nickel
48 Seiten, Schutzgebühr 5 Mark*)

**Kfz-Werbung: Verführung
für Käufer und Fahrer?**
Volker Nickel
Vortragstext, kostenfrei

*) Für Schüler und Studenten Sonderkonditionen

Verlag edition ZAW
Postfach 20 14 14, 5300 Bonn 2
Tel. (02 28) 8 20 92-0, Telefax (02 28) 35 75 83